AF230338

MONARCHIE — RÉPUBLIQUE

QUELQUES VÉRITÉS

SUR LA SITUATION POLITIQUE

DE 1871

MONARCHIE—RÉPUBLIQUE

QUELQUES VÉRITÉS

SUR LA

SITUATION POLITIQUE

DE

1871

BORDEAUX

—IMPRIMERIE DE LA GUIENNE,—

Rue Gouvion, 20.

1871

AVANT-PROPOS

Le fait accompli par la fusion des deux branches de la maison de Bourbon vient ajouter au respect et à la vénération que mérite le représentant de la légitimité, la force qui lui faisait défaut à cause de son isolement.

Aujourd'hui, plus que jamais, il ne reste plus en présence et en compétition, que deux régimes possibles, — car nous écartons l'éventualité d'une restauration Bonapartiste :

La *République* ou la *Monarchie*.

Ces deux régimes, s'ils sont pris au sérieux, sont dignes de très grande considération.

Il s'agit de fixer l'opinion publique sur les titres des compétiteurs.

Nous allons donc en toute bonne foi, sans idée préconçue, et avec tout l'amour de la vérité dont nous sommes capable — et dont nous n'avons nul intérêt de nous départir — instruire, à notre point de vue, la cause aujourd'hui pendante devant l'opinion publique, et chercher à mettre en lumière les éléments du procès à l'issue duquel la France est si intéressée.

Nous répétons que nous n'avons pas de parti-pris contre la république, forme de gouvernement qui, en soi, ne nous a jamais fait ombrage ; que nous n'avons jamais eu rien à espérer, à attendre ou à craindre d'elle, pas plus que de la monarchie ; et que par conséquent, notre opinion, comme toutes les opinions consciencieuses, est respectable, impartiale et dégagée de tout esprit de parti ou d'intérêt.

Les principes que nous affirmions en 1849 dans un opuscule intitulé « *Quelques Vérités* », nous les affirmons ici plus que jamais, puisque jamais les évènements ne leur ont donné une plus éclatante sanction.

Si maintenant nous abordons résolument la discussion sur la meilleure forme de gouvernement, — discussion que nous nous étions contenté d'effleurer, — ce sont les évènements eux-mêmes qui ont mûri notre expérience des hommes et des choses, et qui se chargent de nous fournir des arguments nouveaux et pour nous décisifs. Nous résumerons dans la première partie de ce travail, et en y revenant, quelques-unes des idées émises par nous dans des circonstances passées et qui viennent trouver une application et une actualité nouvelle dans les circonstances présentes.

Nous examinerons ce que c'est que la république en France, ce qu'elle devait et pouvait être, ce qu'elle a été ;

Si au lieu de *nous diviser le moins*, ce n'est pas le gouvernement qui de fait nous *divise le plus*.

Si les républicains instruits, intégres et vertueux ne constituent pas une infime minorité.

Si la république qui doit être le règne de la justice, de la vérité, du désintéressement, n'a pas été, de fait, en France, celui du mépris de l'autorité, de la désobéissance aux lois ; celui de la licence, de la tyrannie et du cynisme ; celui de l'oubli de Dieu, de l'abaissement des caractères et de l'indiscipline dans toutes les hiérarchies de l'ordre social.

Nous ne parlerons pas de l'Empire,

L'empire qui toujours *procède* de la république, après la décadence, parce que jamais il n'a manqué un despote aux états asservis par leurs passions et mûrs pour la servitude.

En rapprochant du tableau de la France républicaine, celui de la France monarchique, nous soumettons modestement notre sentiment sur la monarchie *légitime* ou de *droit divin ;* celle dont un rejeton de la race de Capet, préservé par les décrets de la Providence, nous offre encore un légitime représentant ; nous dirons, comme nous le sentons, ce qu'a été cette race, ses principes, *ses gestes*, c'est-à-dire ce qu'elle a fait pour la France dans l'ordre matériel et dans l'ordre moral ;

Ce que doit être un roi de France au XIXᵉ siècle ;

Enfin, les garanties que nous trouvons dans le descendant de saint Louis, chef de la branche aînée.

1ᵉʳ juin 1871.

P. D'YVON.

MONARCHIE — RÉPUBLIQUE

QUELQUES VÉRITÉS

SUR LA SITUATION POLITIQUE

DE 1871

PREMIÈRE PARTIE

I.

*Le nom de république ne doit effrayer per-
sonne* (1).

Nous nous hâtons d'ajouter : *ni la chose.*

Un pays où les citoyens reprennent possession
d'eux-mêmes, après des troubles, ou quand le pouvoir est déchu ou vacant, *est de fait en république.*

C'est l'état de la France depuis la chute de l'empire.

Cet état ou ce régime sera-t-il transitoire ou permanent ?

On le sait, sous ce régime, doivent régner la
vertu, la justice, le respect à l'autorité, l'obéissance
aux lois, le désintéressement et l'abnégation; faute
de quoi, il dégénère en *démagogie, et c'est alors le
règne de la canaille, synonyme d'oppression* (2).

Donc, ni le nom, ni la chose ne sont faits pour
effrayer, puisqu'en les prenant dans toute 'leur ac-

---

(1) *Quelques vérités*, pag. 36, § 1. — (2) *Id.* pag. 37, § 3.

ception, c'est la chose publique, ce sont les citoyens se gouvernant eux-mêmes.

Mais il y a tant de républiques !

Dire *république* ce n'est pas grand chose, si l'on n'y ajoute la désignation des éléments qui doivent la constituer dans son essence, et des qualifications qui peuvent la définir et la distinguer, et sans les quelles, le mot *république* est presqu'une banalité.

II.

Un peuple qui ne possède aucune des qualités requises ne peut être *républicain*, ne peut avoir la *république*.

Or, rien de plus sévère, de plus exigeant, de plus jaloux qu'une république (1).

Rien de plus sévère dans l'exécution des lois ;

Rien de plus exigeant dans l'accomplissement du devoir ;

Rien de plus jaloux de son autorité dans l'exclusion des partis et des factions qui voudraient l'entraver et gêner sa marche.

Nous avons déjà, à peu près dans les mêmes termes, émis les mêmes idées, mais nous croyons opportun de les rappeler ici — sous peine d'encourir le reproche de nous répéter — quand nous avons considéré *la république* à la fois comme *état d'une nation*, et comme *forme de gouvernement*, abstraction faite du pays lui-même où cette forme s'applique (2).

Nous avons cherché dans « *Quelques vérités* » à faire ressortir en quoi cet état et cette forme, pou-

---

(1) *Quelques vérités*, page 37, § 4. — (2) *Id.* page 36, § I.

vaient ou non s'appliquer à la France, et nous nous
sommes efforcé d'exposer impartialement les raisons
qui nous paraissaient militer dans un sens et dans
l'autre, tout en protestant que nous étions ferme-
ment résolu à respecter les décisions du pays
quand il prononce comme seul souverain.

Cette déclaration, nous la formulons encore.

Mais le temps s'est écoulé.

III.

Au lieu de jeter une lumière sur les questions,
les évènements sont venus les obscurcir.

En notre âme et conscience, le triple essai que
nous avons tenté a été malheureux ; et sans estimer
la question résolue et tranchée avec une rigueur
mathématique, nous la tenons pour jugée morale-
ment, puisqu'elle est moins avancée aujourd'hui
que jamais, et que, haletante et déchirée au sortir
des mains qui l'ont torturée trois fois, la France
attend et ne veut plus attendre.

Elle ne peut plus attendre, sous peine de mort.

Raisonnant de bonne foi, et dans l'hypothèse que
l'expérience pouvait être sérieuse, nous avons dit,
en 1849, que *pour faire une république, il fallait
des républicains ;*

Après avoir déjà constaté que, *dès cette époque,
nous avions de tout, sauf des républicains* (1), nous
nous sommes demandé de nouveau si la France
veut être républicaine, et puisque appliquée par
trois fois à la *question* pour avoir à répondre affir-
mativement, elle a toujours résisté malgré la tor-
ture, notre jugement est formé.

(1) *Quelques vérités*, page 71, § LXXX.

Les autres conditions ou circonstances, telles que son étendue, la démarcation trop tranchée des éléments ou classes qui constituent sa société, le peu de sagesse et de patriotisme des masses, la preuve que la nation avait été ou pouvait être effectivement et sérieusement consultée,

Tout cela devenait désormais superflu.

IV.

Dans l'application, nous avons essayé déjà de signaler les vices de la constitution républicaine de 1848, et procédant, par exclusion, nous avons démontré alors que les Barbès, Blanqui, Raspail et Ledru-Rollin étaient *anti-républicains ;* que les montagnards de cette époque conspiraient à l'envi pour rendre la république impossible en France (1) ;

Que les excitations à la haine des citoyens les uns contre les autres, les noms de *réactionnaires* étaient autant d'empêchements mis par les montagnards à sa réussite.

Que les partis et les sectes, entr'autres les socialistes et les communistes, étaient ses mortels ennemis (2) ;

Que les gens dénaturés qui tiraient parti contre nous de nos fautes, et les exaltaient à l'étranger, n'étaient pas des républicains (3) ;

Que les rêveurs et utopistes qui criaient : *Périsse la France plutôt que nos principes,* n'étaient pas des républicains (4) ;

Que les exaltés du *National* de cette époque, les ambitieux, les vaniteux n'étaient pas des républicains (5) ;

---

(1) *Quelques vérités,* page 50, § XXXI. — (2) *Id.* page 57, § XLIX. — (3) *Id.* page 65, § LXX. — (4) *Id.* page 65, § LXX. — (5) *Id.* page 67, § LXXII.

Que tous ceux qui se rattachaient, de près ou de loin, aux partis tombés, *Bonapartistes*, Orléanistes, Légitimistes, n'étaient pas républicains (1);

V.

De sorte, disions-nous pour conclure : *en France, les républicains austères et consciencieux sont tellement rares, qu'ils forment une infime minorité.*

Les choses ont-elles changé depuis cette époque ?

Se sont-elles améliorées ? ont-elles empiré ? Aujourd'hui comme alors, nous sommes de fait *tombés en république*, et nous nous posons de nouveau cette question ;

Cet état est-il transitoire ou définitif ? Aujourd'hui comme alors, nous cherchons notre voie.

Mais plus malades qu'en 1848, parce que le mal s'est invétéré, le remède est aussi moins certain et plus difficile à appliquer.

Prions Dieu seulement qu'il ne vienne pas trop tard.

Nous essayerons donc de continuer à dire *quelques vérités* sur la situation dont la gravité vient d'être éclairée par l'incendie qui a brûlé notre capitale, et qui nous a montré que le dernier terme de la *progression commencée en 89* est le règne *du mal.*

VI.

Ce qui nuit à la république en France, c'est moins le mot et la chose que la réputation.

Cette proposition, vraie en 1849, est aussi vraie aujourd'hui.

(1) *Quelques vérités*, page 69, § LXXVII.

Pas plus qu'alors, elle n'est en soi une chose effrayante ; mais dans sa pratique est l'écueil. Dans les divers essais que nous avons tentés depuis quatre-vingts ans, il faut avouer que nous n'avons pas eu de chance.

Était-ce vice des éléments constitutifs, c'est-à-dire des républicains eux-mêmes ?

Était-ce défaut de ces éléments ?

Était-ce manque des dispositions ou qualités requises ?

Était-ce faute des chefs qui ont voulu la recommander, la patronner, l'introduire dans nos mœurs ?

Était-ce le crime de ceux qui, malgré nous, à nos dépens, ont voulu nous l'imposer coûte que coûte ?

L'histoire le dira.

VII.

Quoiqu'il en soit, les tentatives ont été déplorables ; et après que la république a échoué, l'on se demande encore si elle ne vaut pas mieux que la réputation qu'elle laisse après elle, et si ce n'est pas cette réputation qui est la cause de la répulsion presque unanime dont elle est l'objet en France.

Jamais en effet l'on n'oubliera que c'est sous son règne, en 93, que la tête de Louis XVI a été jetée comme une pâture à une populace en délire et un défi à l'Europe ;

Que c'est sous son règne que nous avons vu les massacres des prisons, la terreur et toute une série d'atrocités sans nom dans l'histoire ;

Que c'est sous son règne, en 48, qu'une guerre civile a éclaté, où les appétits de la canaille démuselée se sont réveillés plus violents que jamais, et que l'on a pu constater, peut-être la première fois d'une manière irrécusable, que le peuple, quand il est endoctriné, même par des *républicains platoniques*, devient *révolutionnaire*.

Enfin, nous sortons à peine de l'affreux cauchemar qui se nommera dans l'histoire la *commune de 1871*, et les évènements parlent avec le sang dont les rues de Paris sont encore teintes, et avec l'incendie, symbole de la destruction qu'a jurée une race de forcenés.

VIII.

Que faire après cela, et que répondre à ceux qui avouent qu'ils craignent la république ?

Si ce n'est pas elle, c'est sous son nom que tous ceux qui dirigeaient les destinées de la France ont fait preuve de nullité, de lâcheté, d'abjection.

Si ce n'est pas elle, ce sont ceux qui traitaient pour elle, et qui sont responsables d'un mal qu'ils n'ont pu réprimer, supposé qu'ils en eussent l'intention.

Toujours ils se sont nommés les *sauveurs de la patrie*, et toujours ils l'ont abusée, violée, ou ruinée, sans rien sauver que leurs personnes au jour du cataclysme préparé par leur imprudence.

Eh bien ! malgré tout, ce n'est pas tant la réputation de la république ; ce ne sont pas tant ses antécédents, les sanglants excès commis en son nom ou au nom de la liberté ; ce sont moins ses essais stériles, infructueux ou même nuisibles, que l'attitude, les mœurs, les noms, les principes, la réputation de ceux qui toujours se sont dit *républicains* et veulent nous imposer la république, qui la rendent impossible en France.

La France est désabusée ; elle a perdu toute

confiance, parce que partout et toujours ils l'ont trompée et mise à deux doigts de sa perte.

IX.

Ce n'est pas la république, nous le reconnaissons, qui a armé les Français les uns contre les autres ; qui s'est souillée des mille atrocités que l'on a mises sur son compte.

Elle n'en est pas plus coupable que la liberté, au nom de laquelle on a réduit la France à la servitude, à l'abaissement, à la plus féroce tyrannie, *en 93, en 1848, en 1871.*

Nous savons cela, et nous le répétons : nous n'avons pas de parti-pris contre la république, en tant que république, à plus forte raison ne l'accuserons-nous pas des crimes qu'elle n'a pas commis.

Mais si, sous son nom, il en a été commis de nombreux, de fréquents, d'atroces, c'est, il faut l'avouer, une bien mauvaise note et un légitime motif de répulsion.

Si, en république, nos républicains n'ont pas su nous gouverner, c'est une juste raison de se méfier de ce régime en France.

Si, sous la république, au lieu de jouir de plus de liberté pour nos personnes, pour nos biens, pour nos opinions, pour nos consciences, nous voyons des énergumènes étouffer la liberté, sacrifier nos personnes, piller nos biens, violenter nos consciences, nos opinions, alors nous prenons ce régime en haine.

Et enfin, quand c'est sous ce régime, et sous prétexte que le gouvernement trahit la république, qu'une poignée de scélérats ignorés et abrutis, et n'ayant d'autre lueur dans l'intelligence que celle qui y allume le génie du mal, déchire notre patrie à la face de l'Europe consternée, alors c'est l'orgueil et la révolte, et nous les maudissons.

C'est l'orgueil et la révolte ; à ce double signe dont elle est marquée au front, reconnaissez *la révolution*.

X.

. . En France, les républicains sérieux et honnêtes sont en très infime minorité.

Parmi ceux qui se disent tels, et qu'on ne peut juger que par leurs actes, il y en a beaucoup qui mentent.

La plupart des forcenés dont il a été question plus haut se disent républicains.

Les gens d'ordre peuvent avec raison tenir en suspicion un parti qui, à l'ombre de son nom, a laissé commettre de tels attentats.

Nous savons bien qu'ils ajoutent au mot de *république* les épithètes de *démocratique* et *sociale ;* ajoutez-y même celles de communistes ou communards, qu'est-ce que cela change ?

Donc, en France, parti sincèrement républicain : — infime minorité.

Parti *non républicain*, mais *se disant tel :* — plus nombreux, *mais révolutionnaire*.

XI.

De ce que, parmi les républicains sérieux et convaincus, il y a quelques gens qui ont *foi et loi*, il n'en reste pas moins certain qu'en France, tous ceux qui n'ont ni foi ni loi sont *républicains*. .

Républicains, ceux qui blasphèment, et nient Dieu et l'âme ;

Républicains, ceux qui se vautrent dans la paresse et l'ivrognerie ;

Républicains, ceux qui déshonorent la société ; — du moins, ils le disent.

Or si, à tous ceux qui précèdent et qui font (les dernières élections l'ont prouvé) le plus fort appoint des bases classes de nos grandes villes, l'on joint. Les instigateurs, les auteurs de l'affreuse révolte contre les lois divines et humaines, de cette lutte parricide dont Paris est encore chaud et humide,

Nous ne pouvons, en âme et conscience, sans dire que la république ait été la cause directe et efficiente, même éloignée, de ces malheurs, nous empêcher de reconnaître que la république en a été l'occasion et le prétexte ; qu'elle a servi de drapeau ; qu'elle y a été discréditée, et que c'est en son nom que les diaboliques auteurs du mal, et sous prétexte de la défendre, se sont remués ;

Que c'est en mettant en avant la crainte mensongère qu'elle ne fût trahie, qu'ils l'ont trahie elle-même ;

Que les clubs et les sociétés secrètes, et la mauvaise presse, ont été, sous la république, des écoles infâmes de dépravation et d'athéisme.

Que c'est sous la république qu'une opposition, née de la fange de la société, a appris à faire la guerre à la société.

XII.

Ce n'est donc pas, si l'on veut, *la république* qui a précipité la France dans un abîme de maux, dont le pire est la perte du sens moral ; mais ce sont *les républicains ;* les faibles, pour avoir laissé faire ; les exaltés, pour avoir dépassé le but et avoir soudoyé la canaille pour l'employer à leurs fins criminelles.

Si l'on rapproche des considérations qui précèdent, ces deux faits que, si sous la monarchie, nous avons eu des combats dans la rue, au 10 août 1792, aux journées de 1830 et en février 1848, ce n'est que sous *la république* que des *républicains* se sont déchirés entre eux par les guerres civiles et sociales de 1848 et de 1871.

XIII.

L'on nous a répété à satiété que *la république est la forme de gouvernement qui nous divise le moins.*

A force de le répéter, on l'a cru.

Nous l'avons cru tout d'abord, comme les autres, sans examen, en vertu de cette facilité que l'on a en France de croire sans les approfondir et par suite de notre légèreté incurable, les idées enfantées par un cerveau quelconque, souvent malade ; comme de répéter des *clichés* ou *phrases toutes faites* qui deviennent des sentences quelquefois commodes, souvent fausses ou dangereuses.

Nous pourrions en citer quelques-unes.

Presque toutes ces phrases ou sentences ne sont rien moins que des apophthègmes.

Celui par lequel nous ouvrons ce paragraphe est dans ce genre.

Examinons sa valeur.

Dans *l'état de république*, ou sous *le régime républicain*, chacun en France ne voit qu'un moyen, une occasion de triomphe pour sa caste.

Pour les uns, un moyen de conquérir une égalité impossible autrement, à l'aide de la faculté que lui laisse ce régime d'aspirer à tout.

Pour les autres, une occasion de s'élever à la faveur des intrigues que ce régime comporte.

XIV.

Or, nulle part, il n'y a plus de castes ou de classes qu'en France.

La France est le pays le moins démocratique de l'univers.

C'est encore une phrase toute faite que de dire le contraire. Comptons :

Il y a d'abord la vieille aristocratie de naissance et de nom, et quoiqu'on ait dit, la plus respectable de toutes ;

Il y a les ennoblis des deux empires ;

Il y a l'aristocratie de banque, où commence la morgue et la suffisance ;

Il y a, — ce qu'il ne faut pas confondre avec ce qui précède,— l'aristocratie d'argent, c'est-à-dire, celle des parvenus, enrichis Dieu sait comment ! dans les coulisses, les marchés, la bourse et chez lesquels la suffisance et la morgue redoublent et dégénèrent en insolence ;

Il y a la bourgeoisie, dédaignée par ceux qui précèdent, et dédaignant ceux qui suivent ;

Il y a la petite bourgeoisie, qui ne veut pas frayer avec les artisans ;

Il y a les artisans, qui ne veulent pas se salir avec la plèbe ;

Et enfin celle-ci, qui se croirait insultée si on la confondait avec la canaille ;

Puis la canaille, c'est-à-dire ces êtres qui tiennent à honneur d'être dégradés, qui sont fiers de revenir du bagne, qui se font gloire de renier leur patrie, de s'abrutir dans la débauche et la boisson ; qui ne veulent être les égaux de personne, et qui ont leurs quartiers de vilenie et d'abjection.

XV.

Et combien de ceux-là dans nos grandes villes !

Chacune de ces castes croit que la république a été inventée pour elle seule, et pour la favoriser aux dépens des autres qu'elle méprise souverainement, et pour dissiper le vestige d'égalité que *nos préjugés* nous ont encore laissé.

Sous la république, le bourgeois réclame la suprématie de la bourgeoisie.

Le peuple proprement dit, à travers mille aspirations nébuleuses et mal définies, y cherche le triomphe du peuple sous le nom de *démocratie ;* en résumé, diminution des charges et des devoirs, augmentation des droits et des jouissances.

Descendant plus bas, la plèbe qui a été *refaite si souvent*, et qui a de nombreuses revanches à prendre, dit-elle, la plèbe, quand elle voit la république, croit que son règne est arrivé ; elle rêve qu'elle s'empare du pouvoir et qu'elle pourra tout à son aise être plus insultante, plus méprisante que les autres, parce que pour les gens grossiers, c'est la manière de montrer de la grandeur.

Enfin, de couche en couche, la lie, la canaille, *la vraie canaille !* celle de la *guillotine !* celle de l'assassinat du général Bréa et de l'archevêque Affre ; celle des pétroleuses, des assassins et des pillards de 1871, veut avoir son jour, et soyez persuadés d'avance que c'est afin de faire table rase de toutes nos institutions, et nous replonger dans la barbarie.

XVI.

La république est-elle proclamée — par un de ces escamotages de gouvernement si fréquents en France et préparés par d'honnêtes et philanthropiques tribuns ? — toutes ces convoitises, ces appétits, ces ambitions, ces rivalités, ces jalousies se font jour à la fois, même celles qui grouillent dans le vase ; ceux qui restent mal partagés se plaignent d'avoir été trahis ; de là, récrimination, haine, guerre civile.

Et voilà comme quoi *la forme de gouvernement qui devait nous diviser le moins, est celle qui nous divise le plus.*

XVII

A la prendre ainsi, la république serait donc en France *la révolution* à l'état permanent, érigée à la hauteur d'une institution.

Malheureusement, c'est ainsi que l'entendent beaucoup de gens.

Tout le monde, sauf à recommencer le lendemain, perd dans ces changements.

Mais la canaille, ennemie jurée et mortelle de tout ce qui s'élève au-dessus d'elle ;

Qui est pour tous un embarras, et qui voudrait nous abrutir comme elle ;

Qui a juré de détruire l'intelligence, le mérite, la vertu, la foi, la puissance et la prospérité afin que nous soyons tous égaux, et veut voir son règne, ne fût-ce que pour un instant, sauf à s'ensevelir sous les ruines de la patrie au milieu d'un vaste embrassement ;

La canaille n'a rien à perdre et ne peut qu'y gagner.

Mais la France s'y perd tout entière.

XVIII.

En France, nous avons entendu réclamer la liberté sur tous les tons ; nous plaindre que nos gouvernants nous la répartissaient avec trop de parcimonie, et appeler la république comme le régime le plus apte à nous combler la mesure.

La liberté, cependant, est de tous les régimes ; et l'on est aussi libre sous la royauté que sous la république.

Sous Charles X, sous Louis-Philippe et même sous l'empire, nous avons joui d'autant de liberté que pouvaient en désirer d'honnêtes gens ; et en tous cas, autant que sous la deuxième république en 1848.

Ne parlons pas de la première, celle de 1793, dont l'histoire est écrite avec du sang, et qui fut la négation de la liberté.

Ce ne sont pas les institutions qui empêchent les Français d'être libres ; ce sont les tyrans que la France s'est donnés et qu'elle a mérité de subir ; car nous tenons pour article de foi *qu'un pays n'a jamais que le sort qu'il s'est préparé et qu'il mérite.*

XIX.

Toutefois, remarquons en passant, que c'est sous la république, sous le règne de ceux qui ont promis le plus de liberté, qui ont crié le plus haut, qui ont étonné l'Europe par des conceptions politiques ou sociales, dont l'inanité le disputait à la hardiesse, que nous avons joui de moins de liberté.

L'on s'était battu pour la liberté d'écrire et de penser ; mais l'on procédait à la saisie et à la suppression des journaux.

L'on proclamait la liberté des cultes ; mais elle était démentie par les violences contre les prêtres, le pillage et la spoliation des temples , leur profanation, leur fermeture.

L'on revendiquait la liberté de la propriété ; mais le saccagement des propriétés publiques et privées en a fait une dérision.

L'on avait conquis, disait-on, la liberté de réunion ; mais ceux qui n'approuvaient pas tous les non-sens, les indignités, les indécences qui s'y débitaient, et qui voulaient protester au nom de la liberté, se voyaient conspués, hués et exposés à un mauvais parti.

Quant à la liberté d'opinions, elle était complète, à la charge de pas la manifester et d'être contraint de se battre contre le gouvernement légal.

La liberté d'enseignement existait, mais l'on chassait les jésuites, l'on fermait leurs écoles et l'on proscrivait l'enseignement soi-disant *clérical*.

Enfin, nous avions la liberté du travail ; mais les *grévistes* ne cessaient pas de violenter tous les dissidents.

XX.

C'est la révolution qui continue son œuvre.

Beaucoup repoussent la république.

Ne serait-ce pas parce qu'ils y voient le synonyme de révolution ?

Qu'est-ce que la révolution, ou plutôt le *révolutionarisme* ?

C'est le produit de la révolte, comme celle-ci est fille de l'orgueil.

En France, une idée émise simplement et en peu de mots manque son effet, nous laisse inattentifs, et ne fait pas son chemin ;

Elle ne laisse pas de trace, parce qu'elle ne fait pas d'impression.

Tel est l'effet de notre légèreté constitutionnelle qu'il faut ressasser la même idée; entasser synonymes sur synonymes, épithètes sur épithètes, faire de chaque proposition matière à une amplification et à des redondances de langage, afin de traîner le lecteur plus longtemps sur le même objet et l'obliger, pour ainsi dire, à ingurgiter par force les vérités que vous lui offrez.

De là, qu'arrive-t-il ? C'est qu'on ne digère pas.

Eh bien, cette idée n'est pas nouvelle ; mais elle est vraie ; elle renferme en germe l'explication et peut-être le remède à nos maux ; elle est le mot de la situation.

La *révolution est fille de l'orgueil* et de la *révolte*.

Dès l'origine et longtemps avant notre première chute à nous, pauvres pygmées, l'esprit d'orgueil avait levé l'étendard de la révolte pour combattre Dieu et s'égaler à lui.

Depuis lors, il est devenu et il est resté l'esprit du mal.

Cet orgueil, cause de tous nos maux dans le passé, nous menace de mort dans l'avenir.

XXI.

Nous avons dit que, même ceux qui, sans l'être, se disent républicains, sont en grande minorité et ne sont réellement que des révolutionnaires.

En France, parmi les classes improprement appelées *supérieures*, les gens que la fortune a favorisés ne sont pas tourmentés du démon révolutionnaire, et ne se disent guère républicains, à moins que la soif des emplois et des honneurs ne vienne les altérer et les déterminer à oublier toute leur quiétude passée.

Ils se font alors républicains de convenance et non de conviction ; car tandis qu'ils couraient sur la voie de la fortune, il ne leur restait pas de loisirs pour les rêves creux de la politique.

Ce sont des ambitieux, plutôt que des républicains.

A côté de ceux-là, en voici d'autres doués des dons de l'intelligence et de l'instruction ; mais dont la position pécuniaire est une cause de privations journalières, ou du moins les empêche d'assouvir maintes et maintes convoitises.

Ils voient dans les bouleversements de la société une occasion de pêcher en eau trouble ; ils se lancent dans la politique véreuse, se disent républicains de la veille, écrivent des journaux violents et de mauvaise foi, et font parler d'eux ;

Puis, quand ils voient le moment de lancer leurs filets et de *faire un bon coup*, ils ne le laissent pas échapper.

Ce sont aussi des ambitieux et de faux républicains.

XXII.

Voici, en résumé, les républicains de la première catégorie :

Ceux qui ont de la fortune et veulent des honneurs ; ceux qui ont des talents et qui cherchent à s'enrichir.

Ambition de parler ; ambition de se montrer ; ambition de faire parler de soi ; ambition d'éclabousser et d'éblouir les autres sous un régime où les supériorités sont rares ; voilà ceux qui, dans la classe dite supérieure, constituent l'appoint de la république.

Deviennent-ils convaincus qu'ils sont républicains à force de se le répéter ?

Nous en doutons.

Dans les *classes inférieures* des villes, classes si ignorantes, quoique frottées d'un vernis de fausse instruction, *république* est synonyme de licence, de dévergondage, de mépris de toute contrainte et de tout frein ; liberté de violer toutes les lois divines et humaines ; faculté ou facilité de s'enivrer sans travailler.

Il est évident que la *république*, entendue ainsi, c'est le renversement de ce qui existe, c'est la *révolution*.

XXIII.

Qui est-ce qui se dit *républicain* en France, dans les villes ?

A part les sommités et les bas-fonds qui ont intérêt à se dire *républicains*, recherchons dans quels éléments se recrutent les partisans de la république dans les villes.

Nul doute que dans les villes, pour la majeure partie, l'esprit d'opposition n'arrive à dégénérer en *révolutionarisme.*

Aspirations inassouvies, prétendus passe-droit s'ils sont fonctionnaires publics, injustices de leurs chefs, ingratitude de leurs concitoyens qui ne rendent pas justice à leur mérite, et les poussent à se venger ; besoin immodéré de jouer un rôle, n'importe lequel.

Voilà le milieu où se recrute la moyenne des républicains ou soi-disant tels dans les villes.

Quant à la masse, elle a tous les défauts des masses : elle est aveugle, vaniteuse, ignorante.

Si elle se dit *républicaine*, c'est par niche à l'autorité ;

C'est pour faire autrement que les autres ;

Pour faire acte de souveraineté ;

Par ignorance de l'histoire.

Mais, quand elle se déclare *socialiste* et *communiste*, elle sait encore moins ce qu'elle dit.

Et, en somme, à travers ces grands mots de république, de liberté, de socialisme, de communisme, de fédération, de démocratie, elle croit entrevoir le *désideratum* si rêvé de vivre sans travailler, de parvenir comme un tel et un tel ; d'effacer son supérieur d'hier ; de prétendre à tout, au moyen de l'audace, et sous un régime où les nullités ont toujours eu beau jeu.

Joignez à cela des satisfactions d'amour-propre et de vanité, sentiments mêlés d'orgueil et de jalousie ; démangeaison d'être et surtout de paraître et dépit de voir les autres à la place que l'on voudrait occuper.

XXIV.

Qui est-ce qui se dit républicain en France, dans les campagnes ?

En bloc, les gens d'opposition au gouvernement quel qu'il soit, et à l'autorité du maire, du curé, etc., sont ceux où se recrutent les libéraux ou républicains.

En fait de révolutionnaires ruraux, nous avons :

D'anciens gendarmes cassés de leur corps, et pour lesquels le lieutenant et le maréchal des logis sont naturellement des *gredins*, des *intrigants*, des *propres à rien ;*

Les instituteurs chassés de l'église ou de la mairie pour quelque attentat aux mœurs ou quelques légères concussions.

Les *coqs du village,* les petits citadins demi messieurs, anciens clercs d'huissier, rétirés à la campagne par économie.

Les petits propriétaires qui affichent des prétentions à être maires, membres du conseil municipal, et qu'on a eu le tort de laisser de côté.

Comme dans les villes, le dépit d'être évincés les a lancés dans l'opposition ; le besoin de se venger de la société les a poussés dans la *révolution.*

XXV.

Il n'est pas besoin pour connaitre les opinions politiques et sociales de certaines gens de les leur demander.

En général, tous ceux qui n'ont rien à perdre ;

Ceux qui font métier, moyennant une commission, de voyager pour placer des produits, et de fraterniser avec le premier venu ;

Ceux qui affectent de se mettre au-dessus de toutes les *croyances* qu'ils appellent des *préjugés*, et de se tenir indécemment dans une église, si certains devoirs les y appellent ;

Les gens à barbe de bouc et à boucles d'oreille, se disant chauffeurs, ajusteurs, mécaniciens, tous ceux que le feu a détraqués, que la boisson a ébranlés, et qui dans cette combinaison du feu et de l'alcool, ont contracté cette logique incohérente, cette parole rauque qui les distinguent ;

Les repris de justice, les courtiers de bas lieux ;

Les employés de l'état surpris et interrompus au milieu de quelque combinaison frauduleuse par l'intervention intempestive de la justice ;

Tous ces gens là, il n'est pas nécessaire de le leur demander.

Ils sont républicains ;

Et ils ne savent pas ce que c'est que la république !

XXVI.

En général, tous les gens qui n'approfondissent rien ; tous ceux qui se buttent à une idée fausse ou creuse ; tous ceux qui ne veulent suivre que leurs instincts ; examinez leur éducation, le milieu où ils vivent, leur tenue, leurs mœurs, leurs croyances et vous prononcerez en sûreté de cause.

Tous sont disposés à crier : Vive la république !

Seulement, il y en a tant que personne ne sait pour laquelle on crie.

En revanche,

Rarement un honnête négociant qui a acquis par une vie de travail et de probité une aisance qu'il veut soustraire aux bouleversements pour la transmettre à ses enfants, se dit républicain ;

Rarement, un vieux militaire dont toute la vie n'a été qu'une longue école du devoir et une préparation à la mort ;

Rarement un marin constamment entre le ciel et l'eau, la vie et la mort, sous l'œil de Dieu ;

Rarement un prêtre catholique, s'il n'est pas suspendu *à divinis* ou interdit par son ordinaire pour ses fredaines ou son insubordination ;

Rarement un paysan dur au travail, habitué à arroser son champ de sa sueur, et à ne rien ambitionner ici-bas que de mourir dans la chaumière de ses pères.

Enfin, *rarement* un avocat *après cinquante ans.*

XXVII.

Pourquoi ? C'est que ces gens là aiment la vérité, et ne se paient plus d'illusions.

Nous avons souvent parlé d'agitateurs et de novateurs de bonne foi et convaincus, prêts à se sacrifier eux-mêmes au service de leurs causes,

De républicains intègres et courageux,

De démocrates, vrais amis du peuple,

Comme s'ils étaient par douzaines.

Nous en demandons pardon à Dieu et aux hommes, comme dirait M. Jules Favre.

Certes, il n'y a pas de règle sans exception ; et nous avouons qu'il y a quelques agitateurs de bonne

foi, quelques novateurs convaincus, quelques républicains intègres, quelques démocrates amis du
peuple, mais *bien peu*, et encore sont-ils *aveugles*
et *ignorants*.

Puisse cet aveu nous attirer l'indulgence de nos
concitoyens !

XXVIII.

Un des plus terribles arguments contre la république provient de la prétention de certains énergumènes qui soutiennent que la *République* ne
peut pas être mise en question.

Si elle ne peut pas être mise en question, elle
ne peut pas être discutée. D'ailleurs ces imprudents avocats seraient bien embarassés de dire en
sa faveur ou contre elle quelque chose de nouveau,
et il est bien plus commode de faire croire aux
niais qu'elle est *indiscutable*.

XXIX.

A l'occasion des évènements qui nous glacent
encore d'horreur, nous nous permettrons une
réflexion qui se rattache à notre sujet d'une façon
indirecte.

Nous avouons humblement que nous n'avons
jamais compris la distinction entre les *crimes politiques* et les *crimes de droit commun*, ni les motifs
d'atténuation qu'on invoquait complaisamment en
faveur des premiers ; comme si un attentat contre
la société n'était pas plus grave qu'un attentat
contre un individu.

Nous ne parlons pas de l'incendie, de l'empoisonnement, de l'assassinat, du pillage.

Mais les prédications furibondes contre Dieu contre l'autorité ;

Mais les maximes subversives des clubs et des sociétés secrètes, voire même les réunions publiques qui ont scandalisé la conscience publique à la fin de l'empire; mais les articles d'une presse infâme ne sont-ils pas des crimes indignes de pitié et de pardon ?

Est-ce que le venin préparé par des mains à gants glacés et qui tue les âmes n'est pas aussi dangereux que le poison versé par un criminel de bas étage ?

Est-ce que l'intelligence de ceux qui perpétrent le crime n'est pas une aggravation de leur criminalité ?

XXX.

S'il est vrai que la trace qu'a laissée par trois fois la république en France est marquée par une traînée de sang ;

Si cet essai a été infructueux parce que le principe sacré sur lequel nous devions nous appuyer a dévié, et que des aspirations chrétiennes vers la liberté et l'émancipation ont été perverties par le souffle du mal ;

S'il est vrai que, pour beaucoup, *république* signifie *révolution*, et s'il est vrai que révolution signifie *orgueil* et *révolte* ;

S'il est vrai que les *républicains honnêtes* et convaincus sont très rares en France, et que même ceux qui se disent l'être, sans l'être, sont en infime minorité dans la population ;

S'il est vrai que quel que soit le droit de chacun de se dire républicain de fait, personne ne veut de ce régime, et que la France est fatiguée des tyrans que lui a donnés Paris à trois reprises différentes ;

Que cette fois-ci le vase est comble ;

Que ce qui nuit à la république en France, c'est moins son nom, sa réputation, ses énormités et ses scandales (ou plutôt ceux commis en son nom) que les gens qui l'ont prêchée, imposée et qui l'ont discréditée et tuée par leur nullité, leur légèreté, leur manque de sens politique et leur absence de sens moral.

Si, sous la république, l'athéisme doit faire le fonds de l'éducation du peuple ;

Si la république *est ce qui nous divise le plus;* et enfin si la *république de la plèbe* c'est la *révolution,* c'est-à-dire l'esprit du mal ;

Alors, la cause est entendue, et il n'y a plus de doute aujourd'hui.

XXXI.

Nous ne sommes plus dans l'embarras où nous jetaient les évènements de 1848, quand nous cherchions à réserver notre opinion, occupé que nous étions à la former.

Aujourd'hui, nous sommes fixé.

Et quoique, comme toujours, disposé à servir la France, sous n'importe quel gouvernement, et à ne lui susciter jamais en fils dénaturé ni embarras ni difficultés,

Nous déclarons aujourd'hui que, dans notre opinion, *jamais parti ne triomphera qui ne peut rien donner à la nation;* que nous ne croyons pas la *forme républicaine* compatible avec le caractère, l'esprit, les mœurs, les traditions de la France, et que si elle veut être consultée sans surprise et sans fraude, la France entière confirmera cet oracle de tant de siècles.

DEUXIÈME PARTIE

I.

Un triple essai a démontré trois fois que la forme républicaine ne convient ni à l'esprit, ni aux mœurs, ni au caractère, ni au tempérament français, puisqu'elle n'a rien produit de durable et qu'elle n'a pu être naturalisée parmi nous.

De plus, il est notoire que c'est sous ce régime qu'ont eu lieu nos plus sanglantes commotions politiques et sociales, et il est évident que *c'est elle qui nous divise le plus*.

Donc, la France l'a condamnée ; il ne lui reste que le choix entre la monarchie avec l'empire ou le Césarisme, et la monarchie avec la *royauté légitime* ou de *droit divin*.

Or, si la France a repoussé la république, elle doit repousser l'empire ; car tous deux, comme deux satellites, se suivent dans leur orbite, et quand l'un s'en va, l'autre paraît.

D'ailleurs, le *Césarisme* est jugé.

Le Césarisme, d'autres l'ont expliqué, — c'est l'abaissement de la nation devant le pouvoir personnel ;

C'est l'exploitation d'une popularité de mauvais aloi à l'ombre d'un nom, et aux dépens de la justice ; c'est le despotisme appuyé sur le socialisme et sur la flatterie du peuple ;

C'est le manque de principes pour système, le mensonge pour moyen, et l'intérêt dynastique pour but.

II.

La royauté légitime, au contraire, emprunte toute son autorité à Dieu dont elle n'est qu'une délégation ;

Tandis que l'Empereur, *le général vainqueur*, ne vit que pour la guerre, et par la guerre,

Le roi, *rex*, du mot *regere*, est le pasteur de ses peuples, et en doit compte au maître dont il relève.

Un roi est le plus ferme garant de la félicité de ses peuples, et le plus naturel promoteur du progrès indéfini sans secousses.

Un roi doit être pieux et sage.

Pourquoi sa piété ferait-elle ombrage ? Ne sera-t-elle pas un gage de sa moralité, ou au moins un indice certain qu'il la respecte et lui rend hommage, et qu'il ne donnera pas le mauvais exemple, si pernicieux quand il vient d'en haut, du vice assis sur le trône.

Un roi foulera aux pieds le respect humain, parce qu'il ne sera accessible à aucune crainte.

Trempé de la sorte, il pourra parler haut à la France et la régénérer.

Il n'y a donc pas à hésiter entre l'une et l'autre forme de gouvernement.

Quelle chance y a-t-il que la royauté réponde a nos désirs et à nos espérances ?

III.

Qui a fait la France ? C'est certainement Dieu, par la main de Pépin-le-Bref, chef de la seconde race, et de Hugues-Capet, chef de la troisième ; et nous verrons plus loin que si l'on considère que l'œuvre de Pépin-le-Bref fut emportée par la décadence hâtive des derniers de sa race, nous devons regarder Hugues-Capet comme le vrai fondateur de notre France.

Aujourd'hui plus que jamais, en ces jours de trouble où *notre étoile s'est éclipsée*, où tout pouvoir est si chancelant qu'il semble maudit de Dieu, que devons-nous lui demander ?

Deux choses :

De nous réconcilier avec lui ;

De nous donner de sa main un pouvoir national et fort.

Pourquoi s'évertuer en combinaisons chimériques, en essais sanglants ou infructueux, quand il existe encore, prêt à se dévouer pour la patrie, un représentant de cette race, fort de ses ayeux, fort de ses vertus, fort de sa légitimité ?

Pourquoi ne pas croire qu'il est suscité pour notre bonheur et pour la confusion des ennemis de la France au-dedans et au-dehors ?

Pourquoi sans cesse récuser en doute l'intervention de la providence dans les affaires des pauvres humains ?

IV.

Ah ! dira-t-on peut-être, que viendrait faire un agneau parmi des loups ?

Au plus favorable, ne serait-il pas entravé par les Girondins d'aujourd'hui, si faciles à la larme et aux bonnes intentions !

Ne serait-il pas paralysé par le parti des Mirabeau, des Lafayette, même des Chateaubriand de l'époque actuelle, et par tous les aveugles qui ne veulent pas voir dans la révolution la *queue de l'opposition* ?

Trouverait-il un concours dévoué, efficace et désintéressé ?

Ne serait-il pas traité de libéral et de jacobin à l'instar de son grand oncle Louis XVIII, par les ultrà du parti royaliste rétrograde ?

D'ailleurs, serait-il à la hauteur de sa mission ?

Lui laisserait-on le temps de faire le bien et ne serait-il pas bientôt en butte au poignard et au poison, et victime de son dévouement ?

Voilà les objections que nous croyons les plus fondées.

V.

Quant à ses intentions, il n'est pas en France un homme de bien, un homme de cœur, quelle que soit son opinion, qui ne leur rende justice.

Un grand cœur ne verra jamais que son devoir, et ne consultera que l'intérêt de son pays.

Il se sacrifiera, s'il le faut ; et s'il tombe victime de propitiation pour nous, peut-être paiera-t-il une partie de nos dettes ; car *le sacrifice*, pour tout chrétien, est un des grands moyens de désarmer la colère de Dieu.

L'on a beaucoup parlé, disserté, discuté sur la *royauté légitime* et *de droit divin*.

Est-ce une question de principes, c'est-à-dire une règle dont on ne puisse pas se départir ?

Est-ce comme un dogme ou une question de foi, devant laquelle il faille se soumettre.

Est-ce affaire de sentiment, ne reposant sur aucun fondement sérieux ?

Ne faut-il enfin y voir qu'un fait, et en tirer des conséquences ?

Pour nous, sans nous lancer dans des dissertations hors de notre portée, nous pensons que la *légitimité* c'est, comme le mot l'indique, le contraire de l'intrusion et de l'usurpation.

VI.

Quand on conquiert, ou qu'on achète une chose, ou qu'on la reçoit en don, l'on en est *légitime possesseur, maître* ou *propriétaire*.

Nous sommes trop de notre siècle pour confondre les états et les peuples dans une assimilation parfaite avec les choses que l'on peut acquérir.

Mais à ce propos, nous ne craignons pas de dire que ceux qui s'emparent par la violence et l'astuce, et aux mépris de leurs serments, de ce qui ne leur appartient pas, même d'une couronne, même de plusieurs royaumes, sont des larrons.

La légitimité c'est donc la consécration du droit à un fait accompli.

Qu'elle vienne par une possession longue et non interrompue, son principe réside toujours, ou dans la conquête, ou dans l'élection, c'est-à-dire dans le choix.

La légitimité par la conquête représentant la force, doit s'effacer devant la légitimité provenant du choix et de la volonté des premiers de la nation.

VII.

Quand cette possession et ce droit sont fortifiés par une longue suite d'ayeux, ils constituent le *droit le plus légitime*, et s'appellent *la légitimité*.

Quand ce droit remonte aux premiers temps de notre histoire, époque où l'on s'accorde encore à reconnaître que tout pouvoir émane de Dieu ;

Quand le droit et l'unité dans la hiérarchie des couronnes vient de Dieu par l'Eglise ;

Quand l'onction sainte, en face du peuple *coram populo* fait du roi l'*oint du Seigneur* et le fils aîné de l'Eglise, en un temps où toute la force morale vient de l'Eglise, par opposition à la force brutale des grands barons de la terre,

Alors, c'est le *droit divin*.

VIII.

Si les évènements inénarrables auxquels nous venons d'assister avec stupeur ne sont pour tous les cœurs chrétiens qu'un *châtiment* de Dieu, pourquoi ne pas croire qu'un être suscité de Dieu n'ait pas reçu une mission providentielle ? Serait-ce donc chose si rare dans notre histoire ?

Où nous ont menés les charlatans empiriques qui ont trafiqué de la patrie, qui l'ont vendue, meurtrie et abrutie, et ne comptant que sur le secours et les lumières du flambeau de la raison humaine, sont en train de la perdre ?

Si, du haut des cieux, la providence ne veillait pas aux destinées des empires et spécialement à celles de notre France, les mauvais desseins de ses ennemis, les fautes de ses imprudents amis, l'auraient déjà rayée de la carte des nations, entre autrefois sous Charles VII, en 1793, et enfin dans les jours de honte et de deuil qui viennent de succéder à la guerre étrangère.

Vouloir nier le concours de la providence dans le règlement des affaires humaines, c'est plus que de l'impiété, c'est nier la providence elle-même ; or, la négation de Dieu est la première cause de tous nos maux.

IX.

Après la dissolution de l'empire de Charlemagne, la France retombe de nouveau dans le chaos et la barbarie des premiers temps des *Mérovingiens;* ce n'est plus la France, c'est presque la Gaule.

L'élément romain (1) et sa splendeur passagère ont disparu, et nous sommes replongés dans les sombres mystères des forêts de la vieille Gaule.

C'en était fait des descendants de Charle-

---

(1) Quoiqu'il n'y eût rien de romain dans le sang de Charlemagne ni de sa famille, il y avait encore à cette époque dans les mœurs comme un reste de la civilisation romaine, et comme un reflet de sa splendeur, dans les charges de sa cour, dans son armée, dans les lettres et les arts.

magne et de son empire ; jamais plus il ne se
serait reconstitué en corps de nation ; jamais plus
il n'aurait pu rassembler ses tronçons épars encore
si incohérents et si peu habitués à se trouver
ensemble, sans deux forces providentielles qui
se prêtèrent un secours si efficace : la force politique de Robert-le-Fort duc de France, et la force
morale, c'est-à-dire les lumières conservées en
précieux dépôt par les abbayes et la religion.

C'est ainsi qu'obscurcie et presque éteinte après
le grandiose empereur chef de la deuxième race,
l'étoile du pays de France commence à jeter quelques lueurs sous Robert-le-Fort duc de France, et
se ranime sous son petit-fils, Hugues-Capet, d'un
éclat qui ne devait plus s'éteindre, hélas ! que de
nos jours !

N'y a-t-il pas là la marque du doigt de Dieu ?

X.

Les rois de la race de Robert-le-Fort ont fait la
France forte et grande.

Il y a dans les destinées de quelques hommes
marqués du sceau de Dieu des circonstances frap-
pantes.

Sans parler de David préservé miraculeusement
et qui, dans sa race, a vu se réaliser les éternelles
promesses ;

Sans parler de Joas échappé par la protection
divine au massacre de sa famille, et élevé provi-
dentiellement à l'ombre du sanctuaire pour être
reconnu roi de Juda et réaliser les desseins de
Dieu, au moment où l'impiété couronnée et triom-

phante croyait avoir étouffé le dernier rejeton de cette race royale ;

Sans parler de Dom Pélage, qui après l'intrusion des Goths et l'invasion des Maures, s'était réfugié dans les grottes et les rochers inaccessibles des Asturies, et là, à l'aide d'un noyau de vieux chrétiens qui *le nommèrent roi,* conserva intact le dépôt de la foi et le berceau de la nationalité espagnole ;

Sans parler de ceux-là, pourquoi, par suite de quelles combinaisons mystérieuses Hugues-Capet est-il devenu le chef d'une race qui s'est conservée jusqu'à nos jours ?

XI.

Hugues-Capet, *duc de France, comte de Paris,* descendait directement de Robert-le-Fort.

Il n'entre pas dans notre sujet d'approfondir les obscurités de ces origines et de faire une thèse sur des droits qu'aujourd'hui l'on voudrait contester.

A cette époque peu connue, mal étudiée, le *droit féodal* subsistait dans toute sa force; ou plutôt, le droit féodal était l'absence de tout droit bien établi et régulier.

Le sol, par suite de la conquête, appartenait aux *grands vassaux,* et si l'un d'eux arrivait à *primer* les autres, ce n'était, qu'il fût *roi* ou *duc,* qu'un *primus inter pares;* et il ne devait cette primauté qu'à sa force, à son audace, au parti qu'il s'était créé, aux services qu'il avait rendus à ses co-vassaux, ou que ceux-ci attendaient de lui.

Le roi n'était que le chef, *le conducteur des peuples*, au milieu des grands vassaux qui l'élisaient comme le plus fort, mais aussi *comme le plus digne* de leur choix.

Ses attributions étaient encore peu définies, et ce titre *de roi* était plutôt honorifique qu'effectif.

XII.

Il faut se rappeler qu'après la mort de Charles-le-Gros qui avait réuni presque tous les états de Charlemagne, l'éclat de la race germanique avait pâli.

De plus, de profondes rivalités se faisaient sentir entre la race franque, représentée par les descendants de Robert-le-Fort, et les représentants de la race Germanique ou de Lorraine, tombés dans une sorte de mépris (1).

Cette race Franque n'avait-elle pas pour elle les *grands barons* ?

Le duc de France n'était-il pas un très-grand seigneur ? N'avait-il pas les alliances les plus considérables avec la Normandie, l'Anjou, l'Aquitaine, la Champagne ?

La couronne de France n'avait-elle pas ceint le front de son grand père Robert, fils de Robert-le-Fort, et d'Eudes son grand oncle ?

Cela jette du jour sur l'illustration de cette race.

Quand aux *droits légitimes*, comme on l'entendrait aujourd'hui, *il n'y en avait pas*.

Les descendants de Charlemagne et ceux de

---

(1) Ces descendants ne s'appelaient que *le Débonnaire, le Chauve, le Bègue, le Simple, le Gros*.

Robert-le-Fort étaient des rivaux et des compétiteurs, sans autres droits que la *volonté des grands barons.*

XIII.

Il n'est pas question de rechercher ici, si comme le rapportent certains chroniqueurs, Louis V avait fait en faveur de Hugues-le-Grand un testament par lequel il lui laisse tous ses royaumes, à savoir : la France, l'Aquitaine, la Bourgogne, etc., mais si pour les Francs, la race ennemie et étrangère devait être repoussée ; et si, en vertu du *droit féodal,* et sans encourir le reproche d'usurpation, *les premiers entre les Francs,* les *Proceres,* purent dans l'assemblée de Noyon mettre la couronne des Francs sur le front du petit-fils de Robert-le-Fort, en concurrence avec Louis V, qui mourut après un règne de quelques mois, et de Charles de Lorraine son oncle, fils de Louis-d'Outremer, et qui par sa mort laissa le chef de la nouvelle race en *possession paisible et incontestée.*

XIV

Reprenons le fil des évènements :

A la mort de l'Empereur Charles-le-Gros, qui avait réuni sous son sceptre presque tous les états de son aïeul Charlemagne, la couronne passe une première fois dans la race de Robert-le-Fort *comte de Paris,* en la personne d'Eudes ou Odon, l'un de ses fils. Déjà tuteur de Charles, fils posthume de Louis-le-Bègue, et âgé de dix ans, *les grands* le déclarèrent roi ; il en prit le titre et en exerça le pouvoir au nom de Charles.

Quand ce prince eut quinze ans, les seigneurs attachés au sang de Charlemagne voulurent qu'il fût *seul roi*.

En avaient-ils le droit ou le pouvoir ?

Toujours est-il que, par *voie de transaction*, Eudes resta souverain du pays entre *la Seine et les Pyrénées*.

La mort d'Eudes laissa Charles seul maître de la France.

Plus tard, Charles III, dit *le Simple*, eut pour compétiteur Robert, frère d'Eudes, qui fut sacré roi à Reims ; Robert ayant été tué dans la mêlée par la main de Charles lui-même, disent quelques chroniques, Hugues-le-Grand, son fils, soutient le combat et reste maître du champ de bataille.

L'occasion s'offrait belle à Hugues-le-Grand de se faire déclarer roi ; mais Emma, sa sœur, ayant épousé Raoul ou Rodolphe duc de Bourgogne, celui-ci fut élu, d'abord en compétition avec Charles III lui-même, puis *seul*.

Ainsi, déjà la couronne avait été déposée sur la tête de deux ducs de France, dans la famille de Robert-le-Fort, par la volonté des grands.

Et quand Charles, oncle de Louis V, voulut régner après lui, il fut rejeté par les Français (1) et Hugues-Capet fut élevé au trône royal par la volonté des grands barons (2).

(1) Patruus autem ejus (Scilicet Ludov. V), cùm post eum regnare voluisset, à Francis ejectus est ; et Hugo Dux, filius Hugonis ducis, rex à Francis elevatus est. (Bolland. 17 Janv.)

(2) Franci primates corelicto ad Hugonem, qui ducatum Franciæ *strenue tunc gubernabat*, magni illius Hugonis filium eum, solio sublimant regio (Bolland. 21 mars).

Enim Francorum proceres, communi consensu, Hugonem, qui tum ducatum Franciæ *strenué gubernabat* sublimant regio solio (Duchesne).

Ainsi l'avènement de Hugues-Capet ne fut point une révolution.

Ce ne fut pas davantage une usurpation.

XV.

Pourquoi Hugues-Capet fut-il choisi, élu et proclamé par les premiers d'entre les Francs ?

Parce qu'il gouvernait fortement le duché de France, *quia ducatum Franciæ strenue tum gubernabat.*

Pourquoi fut-il chef de race et lui a-t-il donné son nom ?

Parce que, de même que Robert-le-Fort, son aïeul, avait été surnommé le *Machabée* pour avoir — comme Judas avait sauvé Israël, — sauvé les Francs contre l'invasion des barbares ; de même, Hugues avait toujours repoussé les Normands et délivré sa patrie ;

Parce que, lors de son élévation au trône, Hugues avait pris Dieu à témoin des serments qu'il faisait de protéger et de défendre son Eglise.

Comment dans cette suite d'évènements d'où est née la France actuelle, ne pas reconnaître l'intervention de la providence ?

Comment surtout ne pas reconnaître sa protection dans la manière dont cette race a été préservée et s'est continuée ?

Et c'est précisément cette succession non interrompue, comme nous le disions, qui consacre et rend légitime un choix qui n'avait pas été l'objet du caprice ou de l'ambition.

Le choix tombait sur le plus fort et sur le plus grand, mais aussi sur le *plus digne,* comme nous l'avons dit.

XVI.

Sous Robert-le-Fort, tige de la race de Hugues-Capet, ses états n'étaient pour ainsi dire que le noyau de ce qui, plus tard, est devenu notre France.

En effet, son patrimoine se composait alors de l'Ile de France, de la Picardie et de l'Orléanais.

Sans faire ici un cours d'histoire, il importe d'indiquer et de rappeler le développement successif du territoire par suite d'accessions, de traités, ou d'héritages.

Sous Philippe Ier, son arrière petit-fils, en 1100, eut lieu l'accession du *Berry*.

Puis, Philippe-Auguste réunit à la couronne *la Normandie*, confisquée sur Jean *Sans-Terre*; et plus tard *la Touraine*, dont l'acquisition fut consolidée, sous son petit-fils Louis IX, par un traité conclu avec l'Angleterre; enfin rendue définitive sous Charles VII, après la bataille de Germigny gagnée par Dunois et Jeanne-d'Arc.

Le Languedoc et le comté de Toulouse furent réunis à la France par suite du décès d'Alphonse, frère de Saint-Louis, époux de l'héritière du comte de Toulouse, sous le règne de Philippe-le-Hardi, et définitivement sous Jean II, en 1361, et Charles V.

XVI

En 1312, sous Philippe-le-Bel, réunion à la France du *comté de Lyon*, dont la cession définitive eut lieu sous Louis-le-Hutin.

En 1284, *la Navarre* fut une première fois réunie à la France par le fait du mariage de Philippe-le-Bel avec Jeanne de Navarre héritière de Henry-le-Gros comte de Champagne et roi de Navarre.

En 1343, Philippe VI acquit le *Dauphiné* et le *Comté de Montpellier*, de Humbert II comte de Dauphiné, qui lui cède ses droits ; le traité devient définitif en 1349.

En 1369, Charles V enlève aux Anglais le *Limousin*, le *Poitou*, la *Saintonge* et l'*Aunis* ;

Sous Charles VII, *la Gascogne* et *la Guyenne* sont réunies à la couronne de France.

Sous Louis XI, après la mort de Charles-le-Téméraire, *la Bourgogne* et l'*Anjou*.

Sous Charles VIII, *la Bretagne* revient à la France par son mariage avec Anne duchesse de Bretagne qui épousa ensuite Louis XII.

A la suite de la trahison du connétable de Bourbon, en 1523, *la Marche*, l'*Auvergne*, *le Bourbonnais* sont confisqués et réunis à la couronne, sous François Ier.

Sous Henri IV, eut lieu l'accession du *Béarn*, du *Comté de Foix* et de partie de la *Gascogne*.

Sous Louis XIII, l'*Artois* et le *Roussillon* sont conquis.

Louis XIV assure les acquisitions précédentes, et y joint l'*Alsace*; conquiert *la Flandre* et la *Franche Comté;* le *Nivernais* lui est acquis par l'extinction d'un droit féodal.

Sous Louis XV la France s'enrichit de la *Lorraine* et de la *Corse*.

XVII.

Par quel précieux privilége le roi de France

jouirait-il de cette prérogative d'être toujours digne de sa race, c'est-à-dire *toujours Français, toujours juste, toujours grand* ?

C'est parce qu'il sera toujours pieux, et qu'il restera toujours le fils aîné de l'Eglise ?

Que l'on ne voie dans cette assertion rien de *puéril*, rien de *féodal*, rien de *rétrograde*, rien de *gothique*, rien de *clérical*.

L'on ne peut être roi de France qu'à cette condition.

Il faut l'être ainsi, ou ne pas l'être.

Et nous défions tout penseur de bonne foi, de ne pas se ranger à notre avis.

En effet, qu'est-ce qu'un roi ? qu'est-ce que la royauté ?

Ce n'est pas un système à bascule ayant à un bout un habit bleu et un parapluie sous le bras, et baptisé du nom *de la meilleure des républiques*, et à l'autre bout M. Thiers ou M. Guizot.

La royauté, il faut l'avouer, c'est une fiction, ou plutôt c'est un idéal.

Mais nous ne vivons que de fictions, et le culte de l'idéal a ses dévots très-convaincus.

La royauté, c'est la clé de la voûte qui retient tout, qui ne porte rien, que tout soutient en s'y appuyant.

C'est le centre d'une sphère à laquelle tout aboutit.

C'est la mère, c'est la reine des abeilles travailleuses.

C'est le *pasteur* et *conducteur des peuples* dans les bons pâturages.

XVIII.

Il règne et ne gouverne pas.

Et un homme qui se dévoue à cette tâche, qui est élevé à ses propres yeux par sa position même, qui est marqué d'un caractère indélébile qu'il ne dépend pas de lui d'effacer; qui est inviolable et sacré; sur qui tous les regards sont portés; vous ne voulez pas, quels que soient ses penchants, qu'il donne le bon exemple, qu'il respecte les mœurs publiques, qu'il soit courageux, juste et pieux? vous ne voulez pas qu'il soit le salut de son peuple, qu'il ait l'esprit de Dieu, et qu'il règne avec droiture?

Pour nous, le supposer autrement, c'est impossible !

XIX.

Quel plus beau spectacle que de voir un *roi de France,* le choisi et l'élu des siens, le premier entre ses égaux, et le plus élevé entre tous, courber son front royal dans la poussière et demander pardon pour lui et pour son peuple au roi des rois, ou implorer celui qui joue avec les royaumes et qui efface les nations indignes ;

Quand un *roi de France,* pour témoigner de sa foi, s'expose à mille périls, et rapporte dans les plis de son manteau de saintes reliques ;

Quand un *roi de France,* les épaules chargées des ossements de son père, fait à pied le trajet de Paris à Saint-Denis ;

Quand un *roi de France* lave les pieds aux pauvres, et meurt sur la cendre, comme le dernier des religieux ;

Quand, avant une bataille, il dépose sa couronne et son sceptre sur l'autel et fait entrer Dieu en tiers avec ses conseils, dans sa politique et dans les combats ;

Quant un *roi de France* place solennellement la France sous la protection de la mère de Dieu !

XX.

La race de Hugues-Capet s'est montrée digne du choix fait en la personne de son chef, puisque ses conquêtes morales ont été à la hauteur de ses conquêtes matérielles, et que c'est elle qui a fait la France.

Voulons-nous pour roi le rejeton de cette race ?

Que doit être le roi de France ?

Le roi de France doit être *le grand redresseur de torts ;* il abolira le *droit nouveau,* produit monstrueux de la force et de l'injustice.

Il continuera à être le *fils aîné de l'Eglise* en volant à son secours comme firent Pépin et Charlemagne ; il rendra *Rome au pape* et défera l'Italie aux applaudissements du monde entier scandalisé de l'audace des usurpateurs ; *le fait acccompli* cessera d'être un dogme ; et le fait ne restera accompli, qu'autant qu'il sera juste, sans que *la fin justifie les moyens.*

Le roi de France doit tenir haut le drapeau de la France ; il méritera le nom de père de la patrie et du peuple.

Le roi de France tiendra ferme l'épée de la France, et saura la reconquérir, lui qui a su une première fois la faire ; ses ennemis trembleront, parce quand il attaquera, il aura pour lui le bon droit et que le bon droit mettra Dieu de son côté.

Le roi de France sera *le grand justicier*.

Il tiendra, égale pour tous, la balance de la justice, et ne fera acception de personne.

Il sera sévère et équitable ; il n'aura point d'attaches ou de compromis avec des partis politiques ; par conséquent, il pourra punir et récompenser sans transiger avec sa conscience.

Enfin, le roi de France sera sacré à Reims, et reposera sous les dalles de Saint-Denis à côté de ses aïeux.

Voilà le seul roi que nous comprenions.

XXI.

Le petit-fils de saint Louis, descendant de Hugues Capet et continuateur de cette race, a-t-il les qualités requises pour ceindre la couronne et travailler à la régénération de la France, ou plutôt à sa résurrection morale ?

Depuis qu'il est né, la France le connaît et l'apprécie ; depuis qu'elle le connaît, elle sait qu'élevé dans le malheur, il y est resté digne, résigné et courageux comme son aïeul ;

Elle sait qu'il est simple, parce qu'il est grand.

Elle sait qu'il est pieux, qu'il n'a jamais menti, et qu'il combattra le bon combat contre la révolution.

S'il succombe à la peine, il aura fait son devoir.

Voilà ce que la France sait, et ce que chacun se dit.

Les serments qu'il prêtera devant les autels, de marcher sur les traces de ses prédécesseurs, il les tiendra sans nul doute.

Et s'il était parjure, ce qu'à Dieu ne plaise,
Ce serait un grand malheur, mais non la condamnation de la royauté.

XXII.

Ici, peut-être, nous accusera-t-on de hasarder un paradoxe ou une énormité.

Aujourd'hui, l'infaillibilité dogmatique du pape fait partie de nos croyances.

Il y a quelque chose dans la royauté en France qui s'en rapproche et y ressemble.

Certes, personnellement, grand nombre d'entre nos rois ont largement payé leur tribut aux faiblesses, aux fautes, aux vices de l'humanité.

Mais, qu'on en cite un seul, qui en tant que roi de France, agissant non *ex cathedrâ*, mais *ex solo*, n'ait pas bien fait son *métier de roi ;* qui n'ait pas toujours et partout été *Français*, c'est-à-dire dévoué de corps et d'âme à la grandeur de sa patrie, et qui, en même temps que l'onction sainte, n'ait reçu cette faculté singulière de *ne pas errer* dans son amour pour la France.

www.ingramcontent.com/pod-product-compliance
Lightning Source LLC
Chambersburg PA
CBHW061249050726
47594CB00004B/1429